Käte Micka
Schaue dich um
Gedichte

AF285852

**Bibliografische Information
der Deutschen Bibliothek**

Die Deutsche Bibliothek verzeichnet diese Publikation
in der Deutschen Nationalbibliografie;
detaillierte bibliografische Daten sind im Internet über
http://dnb.ddb.de abrufbar.

© 2006 Alle Rechte liegen bei der Autorin
Buchgestaltung: Nüsse Design, Hamburg
Herstellung und Verlag: Books on Demand GmbH,
Norderstedt
ISBN 3-8334-4670-6

*Ich will mit meinem Glück
jeden Tag vernünftig umgehen*

Im richtigen Moment lächeln

Momente des Glücks
sind Momente
totalen Lebens
Sekundenphänomene
Sich zu mögen
mit allen Schwächen
Das ist Glück

Du musst
dich nicht fürchten
Immer wenn du lächelst
wird dein Gegenüber entwaffnet

Klingen soll es überall

Es muss hell sein
in meinen Räumen
Ich muss wach sein
in meinen Träumen
hellwach

Froh sein
will ich
den ganzen Tag
Singen will ich
solange ich mag
Singen
und in Freude
versinken

Man kann es nicht jedem recht machen

Rate
wer ich bin
Warte
ich sage es dir

Ich bin wie ich bin
Ein Unikat
von aufgelaufener Saat

Im Rucksack
trage ich Sorgen
Im Nacken
sitzt mir der Schalk
Tanze furchtlos in den Morgen
bis aus den Schuhen
rieselt der Kalk

Ach könnt ich ewig bleiben

Ein Licht blinkt mir entgegen
Ein Hauch streift mein Gesicht
Ich heb die Hand und winke

Ich lauf und lauf
als lief ich um mein Leben
Ich öffne meinen Mund und trinke
den Atem dieser schönen Welt

Der Zauber der Nacht

Matt schimmert
die Nacht durch das Fenster
In der Stille
ist Platz für meine Gedanken

Ein unsichtbarer Zauber
fädelt meine Worte
zu einer schillernden Perlenkette

Umgeben von wundersamen Mächten
lasse ich alles geschehen

Die Hoffnung
soll man nie aufgeben

Wie ein ausgehöhlter Baumstamm
treibst du
auf dem Meer der Einsamkeit
Doch vielleicht
verirrt sich eine Welle des Glücks
die dich mitreißt

Auch wenn hier unten
die Leinen noch so fest gezogen sind
Tief durchatmen
und mit den Händen
nach dem Himmel greifen

Und irgendwann

Tagträume sind Wunschträume
Sie halten dich gefangen
Tag für Tag

Irgendwann verlierst du die Geduld
Du machst dich auf den Weg
zum Ziel willst du gelangen
Das Leben plätschert
langatmig gegen den Strom

Die Zeit wird kommen
da werden die letzten Minuten
von großer Bedeutung sein

Das habe ich bemerkt

Mein Verstand
lebt mit meinem Herzen
in ständiger Rivalität

Vieles
ist nicht alles
Wenig
ist für mich viel

Es ist so viel
dass es für mich genug ist

Ich vergesse die Welt

Ein Gedanke

Und der Weg
durchs Labyrinth beginnt
Das Ziel
ist am anderen Ende der Welt

Nun habe ich etwas
in Gang gesetzt
Meine Hand schreibt von allein
Hole mir noch
einige leere Blätter

Wieder diese Glücksmomente
Ich wünsche sie allen Menschen

Keine leeren Worte

Ich stand
noch nie an einem Abgrund
Das Glück es stand mir
immer nah

Und wenn die Welt
um mich
mal trüb war
So war sie es
die immer da

Drum will ich
immer
mich besinnen
Sollt 'es doch
einmal anders sein
Ich werde wieder
auf meine Stärke bauen

Die in mir ist tief drinnen

Nur für mich

Ich singe ein Lied
Es ist mein Lied

Ich bin glücklich
Es ist mein Glück

In meiner stillen Welt
lasse ich keinen Schrei
von außen zu
Ich schließe mich ein
mit meinen guten Gedanken

Manches
müsste man einfach sagen

Es fehlen mir Worte
Schöne Worte

Der Tag hatte seinen Preis
Die Nacht verspricht mir ihre Anteilnahme
Ich muss über alles nachdenken

Am Fenster
präsentiert mir stolz
eine weiße Blüte
ihr makelloses Profil

Selbstkritisch

Es ist fast zu spät
und ich habe mich
noch immer nicht gefunden

Ich muss
mit mir leben
Manchmal
lebt es sich besser
mit den anderen

Hebe den Kopf
du wirst noch stärker wirken
Viel größer wirst du sein
als du gewachsen

Abend wird es wieder

Der Abend hüllt mich ein
in ein Gewand des Friedens

Der Abend stimmt mich ein
auf sanfte Stimmen der Nacht

Der Abend trägt mich
auf behutsamen Händen
in die Nacht der Träume

Möge mich der Morgen auffangen

Ich gebe mich ganz hin
dem neuen Tag

Mit all seinen großen Überraschungen

Überall

Lass es einfach

Schweige
bis es im Sommer
Blüten hagelt
Stecke dir Flügel an
und fliege zum Regenbogen

Stell dich nicht in den Weg
Ich komme
mit meinen Gedanken
durch jede Enge

Leben bedeutet Freiheit

Die Bäume sind machtlos

Der Wind zittert am ganzen Leib
Er macht sich
für eine stürmische Nacht bereit
Er will die Bäume verbiegen

Doch du
verbiegst mich nicht

Ich habe aufgetankt

Ich fliege
ich fliege weit
ganz weit weg von hier

Es geht immer nur um dich

Ich habe Sehnsucht
nach einem schönen Gefühl

Nach einem großen Gefühl

Trotzig
bleibe ich an deiner Seite
Nichts kann mich erschrecken

Denn ich liebe dich

Ich bin immer da

Immer rufst du mich
Immer suchst du mich
Immer willst du
meine Nähe spüren

Es berührt mich
Es macht mich
schon nachdenklich

Was wird sein
wenn du mich
nicht mehr findest

Schneetreiben

Weiße Flocken
tummeln sich mit dem Wind
Sanft berühren sie mein Gesicht
Sie nehmen mir
behutsam die Sicht
Eigentlich möchte ich
gar nichts sehen

Eine Schneeflocke möchte ich sein

Dann ließe ich mich
vom Winde verwehen

Wo wollt ihr hin

Grüßt euch
ihr Vögel in den Lüften
Wo wollt ihr hin
wo kommt ihr her

Ich schau euch nach
beneide euch so sehr
Auch ich flieg
in Gedanken hin und her

Stilles Hoffen

Wind
der meine Gedanken
durcheinander wirbelt

Schmale Wege
die mich daran hindern
gefällig überall hinzukommen

Die Zeit blickt ungeduldig
in die Zukunft
Mich beeindruckt es nicht
Ich trage meine Lasten gewollt
durch den Rest des Lebens

Schaue dennoch
sehnsuchtsvoll
nach versäumte Stunden
die mir jetzt fehlen

Wie könnte es sein
wenn ich den Weg
noch einmal zurückgehen würde

Nichts wäre anders

Anders als jetzt

Zauberworte

Ich suche ein Wort
Ich suche kluge Worte

Worte
die mir Mut machen

Worte
die mich trösten

Worte
die mir den Tag
zu einem Geschenk machen

Worte
die mich an dich erinnern

Worte
die mich glücklich machen

Worte
die mir die Angst nehmen

Worte
die mir alle Pein
erträglich machen

Worte
die mich zum Lachen bringen

Worte
die der Schlüssel
zu meinem Herzen sind

Worte
Die mich verzeihen lassen

Ich suche ein Wort
Ich suche kluge Worte

Dein Gesicht spricht Bände

Auf der geistigen Ebene
schwimmen wir beide
schwerfällig
in verschiedenen Richtungen

Gut gelaunt
sehe ich
in dein verschlossenes Gesicht

Zum Lachen fehlt mir der Mut

Soweit
mich meine Füße tragen

Ganz still
höre ich dem Wind zu
Er weht eisig
durch die sternklare Nacht
Der Mond
schaut mit bleicher Sichel
auf die glitzernden Wege
die unter meinen Füßen
knirschend ächzen

Eine Nacht voller Andacht

Wann werde ich
mein Ziel erreicht haben
Ich lasse alles zu
Fröstelnd singe ich
mit leiser Stimme
mein Lieblingslied

Die Stille der Nacht lässt es klingen

Morgen ist Sonntag

Eigentlich
ist für mich immer Sonntag
Man tummelt sich
ständig im Glück

Mir deucht
man müsste wacher sein
um das Glück zu spüren
Da man es oft nicht
deutlich genug sieht

Ich will
mit meinem Glück
jeden Tag
vernünftig umgehen

Ohne dieses Quäntchen Glück
leben manche
in ständiger Dunkelheit

Nur eine Erinnerung

Lege meinen Brief
zu den anderen
Es braucht keiner zu wissen

Mit der Zeit
wird das Papier vergilben
so wie unsere Liebe verblassen wird

Ein kindliches Vergnügen

Kindliche Gedanken
heilen dein mutloses strapaziertes
Gemüt
Versuche wie ein Kind
spontan durch den Tag zu schlendern
beginne die Arbeit spielerisch
Betrachte
ab und zu im Spiegel
dein angespanntes Gesicht
Halte inne
lächle
Mache deinem Spiegelbild
eine lange Nase

Man muss es wissen

Ich habe Sehnsucht
nach der fremden Straße
Sie ist mir vertraut
obwohl ich sie nicht kenne
Ich gehe an zerfallenen Häusern vorbei
Ich setze mich zu den Menschen
und lasse mir erzählen
von ihrem Leben

All meine Sorgen verblassen

Mit geschlossenen Augen

Ich habe
den richtigen Weg gefunden
Ganz allein

Ich mag mich
Sogar
meine welken Hände
gefallen mir

Gehe
mit festen Schritten
ins Ungewisse
Probiere
alle Fassetten
des Lebens aus

Öffne dein Herz

Nimm mich mit
in deine Gedankenwelt
Lass mich dort bleiben
bis unsere Gedanken verschmelzen
Zu dir habe ich Vertrauen

Hab dich schon mal
im Traum gesehen
Du hast mir zu gewunken
Ich habe dich lange gesucht

Nun habe ich dich gefunden

Gefühlte Töne

Aus der Ferne
höre ich deine Musik
Schwermütig und fast sakral
erfüllt sie alle Räume
Sie ist eine Wohltat
für meine Seele
Sie gibt mir das Gefühl
totaler Geborgenheit

Mit diesem guten Gefühl
werde ich mich
in den Schoß
eines sanftes Schlafes begeben

Davon träume ich

Dir möchte ich begegnen
und eine Nacht lang
mit dir reden
Und morgens
laufen wir dann barfuss
durch den Regen

Vergessen Zeit und Raum

Bei Wind und sanften Regentropfen
spür'n wir nur
unsere Herzen klopfen
Ein alter Baum
er gibt uns Halt
Wir lehnen uns an ihn

Ein alter Baum
er gibt uns Halt

Verharren wie im Traum

So sind wahrscheinlich die Menschen

Manchmal
mag ich die Menschen nicht
Manchmal spüre ich
die Menschen
mögen auch mich nicht

Sie sind so anders als ich
Ich spüre nichts von ihrer Seele
Zynisch wirkt ihr Blick
Sie erschrecken mich

Ich nehme mir
viel Zeit für mich
Denn kein anderer
wird es je tun

Demütig die Augen öffnen

Da will ich sein
wo der Himmel
Gerechtigkeit sein lässt
Der Sinn des Lebens
ist ein großes Rätsel
Man sucht
man sucht und sucht

Das Leben
bekommt den Glanz
den es verdient
Man muss nur
das innere Augen öffnen
und ganz still sein

Und auf Demut hoffen

Die unsicheren Gefühle

Meine Gefühle
leben in verschiedenen Welten
Oft verwirren sie mich

Mal edel und verstehend
mal ungeduldig und befremdend
Sie sind wechselhaft
wie das Aprilwetter
Doch ich glaube
alle Menschen leben
mit undurchschaubaren Gefühlen

Auf wen
kann man sich verlassen
Wankelmut ist das ganze Leben

Am ehrlichsten
sind die spontanen Gefühle

Lass das

Wir spielen beide
mit dem Feuer
Wir unterschätzen unsere Gefühle
Eines Tages fallen wir uns
willenlos in die Arme

Ich möchte Wärme spüren

Komm setze dich
zu mir auf die Bank
Ich lege meinen Arm um dich
Ich sag dir tausend Dank
dass du dich sorgst um mich

Leg mir den Mantel um
Ich möchte mich wärmen
Der Tag war voller Kälte

Überschwänglich

Könnt ich spielen
wie eine Göttin
Könnt ich singen
wie eine Nachtigall
Könnt ich tanzen
wie eine Elfe
im wehenden Gewand
barfuss
mit schwingenden Hüften

Glücklich
unter deinen Blicken
unsichtbar werden

Im Schoße der Lyrik

Ich muss mich nun wieder
dem Leben stellen

Das Träumen
war eine nette Episode
Den Tag habe ich
nur für mich genutzt
Ich saß
in einer seidenen Hülle
Spielte mit meinen Gedanken
Schrieb auf
was mir wichtig war

Nicht immer
gibt es diese Momente
voller Kreativität
Bin richtig satt geworden
Habe meine Batterien aufgetankt

Allen guten Geistern sei gedankt

Die Liebe bleibt

Die Wand läßt sich nicht umstoßen
die sich zwischen uns
als Mauer befindet
Ein seidenes Band der Liebe hält sie
fest

Flammen züngeln um unser Leben

Versuche es

Male ein Bild von dir
mische eine Hand voll Farben
Werfe sie willkürlich an die Leinwand
Du wirst staunen
wie schön du getroffen bist

Andere Menschen
zerstören oft dein Selbstwertgefühl

Gebe dich nie ganz zu erkennen

An hellen Tagen

Der helle Tag
wirkt positiv auf dein Gemüt
Lausche nur den freundlichen Tönen

Das sichtbar Schöne
verzaubert deine Umgebung

Aber auch das Unsichtbare
verfehlt seine Wirkung nicht

Der helle Tag verschmilzt
mit deinem sonnigen Gemüt

Zu einem wunderbaren Erlebnis

Der Klang
der aus der Seele kommt

In deiner Stimme
hört man das Glück
Wie muss man sich fühlen
um so zu klingen

Bei jedem Ton
sieht man schillernde Farben

Was muss du spüren

Dein Gesang
hat den Klang einer Nachtigall
die im Tal des Glücks
die Nacht verzaubert

Singe nur weiter
bis die Sonne den Tag begrüßt

Das muss
der Mensch noch lernen

Wenn du lachen möchtest
dann lache
Wenn du weinen möchtest
dann weine
Jede Regung in deinem Gesicht
lässt dich menschlicher erscheinen

Die meisten Menschen
tragen ihre alten Lasten
mit in jeden neuen Tag
Lege sie in eine Steinschleuder
und versinke sie in ein tiefes Meer

Gedanken

Du musst dich anstrengen
Das Leben bietet dir oft die Stirn

Wann hast du zuletzt geweint
Schließe deine Augen
atme den Duft der Leichtigkeit ein

Auch in der Einsamkeit
kann man laut lachen

Schaue dich um

Einmal am Tag
sollte man innehalten
Beleuchte all dein Tun
Bewusst schaue dich um
Du wirst staunen

Der Schatten wird zum Licht

Treibe deinen Mut voran
Wage einen großen Schritt
Du wächst über dich hinaus

Du kannst mehr als du ahnst

Augenblicke

Deine Augen glänzen vor Tränen
Deine Lippen
sie leuchten blassrot
aus deinem fragenden Gesicht

Als wollte dein Mund etwas sagen

Ich drehe mich um
doch ich höre nichts
Ich gehe

Dein Gesicht
verkörpert Sehnsucht pur

Verletzt sein

Es geht dir so
als sei dein Stamm
schon lange
von der Borke befreit

Es fühlt sich an
als sei dein Herz
betäubt

In deinen Augen
glüht Fassungslosigkeit
Warum wagt man es
dich so zu kränken

Einsam vibrieren
die Seiten deiner Seele

Wie bei einer Harfe
schwingt
eine große Sehnsucht
durch die bleibende Zeit
deiner Träume

Die Kraft die milde wirkt

Gewaltig
steht die Zukunft vor dir
Lasse dich nicht einschüchtern
Balle deine Hand
zur Faust
damit sie nicht lasch herunterfällt

Gehe mit festem Schritt
entschlossen nach vorn
Nehme deine Zuversicht mit

Zeige kokett deinen Humor

Deine kostbare Zeit

Du ringst nach Fassung
alles geschieht
gegen deinen Willen
Und doch
es ist nur gut gemeint

Wie auf Kohlen
läufst du
durch die schleichende Zeit
Wann
kannst du deine Gedanken ordnen

Alles ist nur gut gemeint
doch du fühlst dich gefesselt
Gefesselt an Händen und Füßen

Der Morgen und du

Ahnungslos
beginnst du den Tag
weißt nicht
was er dir bringen mag

Doch das soll
dich gar nicht stören
Lass ihn kommen
du wirst sehen
du wirst dich gut
mit ihm verstehen

Er verschafft dir gute Laune
Es liegt nur an dir
Reiß dich zusammen
breche keinen Streit vom Zaune

Jeder Tag
ist ein Geschenk
Ein göttliches Geschenk

Du willst alles

Goldene Ringe an jedem Finger
und dunkele Schatten
unter deinen Augen

So hat alles seinen Preis

Rede und Antwort stehen

Stehenden Fußes
verweilst du
an dem Ort deiner Zuversicht
Niemals
willst du ihn verlassen
Glauben willst du
dass es bleibt
so wie es ist
Nimm Vernunft an
Man kann
glauben was man will
Jedoch
glaubwürdig muss alles sein

Nächtelang
im Geiste philosophieren
Tagelang
davon zehren

Singe

Du hast
solange nicht gesungen
Trotzdem
in deinem Herzen
hat es laut geklungen

Ein Kranz voll schöner Melodien
sie könnten dich beflügeln
Dir deine Welt
zu einer Wunderwelt verzieren
So zögere nicht
stimm an
und singe

Alles macht einen Sinn

Es singt
in langen Winternächten
der Wind ein traurig kaltes Lied

Es blinkt
in klaren Winternächten
ein Stern so funkelnd hell und lieb

Ich warte frierend
hoffend voller Andacht
dass diese Nacht
mein Herz beruhigt

Ich stell mich schlafend
als sei mein Schmerz
schon lang besiegt

Und dann am Morgen
schau ich zum Himmel auf
Die Sonne scheint
als Licht der Hoffnung

Und alles
nimmt furchtlos seinen Lauf

Du hast es längst bemerkt

Siehst du die Blumen
sie blühen für dich
Hörst du die Vögel
sie singen ein Lied für dich

Öffne die Augen
und schaue dich um
Oft steht das Glück daneben
doch es bleibt stumm

Spürst du die Sonne
sie wärmt dich mit Licht
Fühlst du den Regen
sanft streichelt er dein Gesicht

Lasse dich fallen
umarme den Tag
Es wird dir nichts geschehen
denn du bist stark

Glaube und Hoffnung

Glaub´
an den morgigen
Sonnenaufgang

Hoffe
auf den wiederkehrenden
Frühling

Behalte
deinen Mut
und deine Zuversicht

Das Leben will gelebt werden
Diese Forderung stellt es an dich

Als Dank
sichert es dir einen Platz
in kühler Erde

Kleine Früchte
in großen Körben

Lege weiße Tücher
unter grüne Bäume
damit die Früchte gebührend
aufgefangen werden können

Lege sie sorgfältig
zu den Früchten deines Lebens

Nichts wird vergeblich sein

Alles hinterlässt eine Spur

Spürst du die Welt

Schade
du kannst hören
und bist doch taub

Schenke der Welt
dein offenes Ohr

Lege es an den Puls der Zeit

Schade
nicht einmal den Rhythmus
der Welt spürst du
der total aus dem Takt geraten ist

Umarme die Welt
und gebe ihr Halt

Gehe mit offenen Augen
durch die Welt

Kunterbunt
ist das Leben
Ein leichter Rausch
beflügelt alle Sinne
Ein Rausch voller Lebensfreude
wirkt wie Medizin

Ich staune über das Leben
Man muss
das Leben nur leben

Ziehe hinaus um zu erleben

Schaue hin zu den Menschen
sie warten darauf
beachtet zu werden

Vielleicht im nächsten Jahr

Vor deinem Fenster
fliegen Blätter
Der alte Baum
hat sie abgeworfen

Im nächsten Jahr
hofft er auf neue Triebe
Auch du hoffst
auf eine neue Liebe

Starke Gefühle
sind ein schwacher Trost
für eine vergangene Liebe

Wach sein

Gutmütigkeit
ist keine Tugend
Alles
wird zur Selbstverständlichkeit
Irgendwann
hast du leere Hände

Schöpfe Weisheit
aus deinen Erfahrungen

Wie in jedem Jahr

Ich belausche den Frühling
Ich öffne Auge und Ohr
Ich liebkose die Blumen
Sing mit den Vögel im Chor

Ich lache und freu mich
Ich hebe den Blick zum Licht
Bunte Bänder hänge ich
an jeden grünen Baum

Du mein Frühling

Nein es ist kein Traum

Du meine Sonne

Mein Garten
ein grüner Raum
Mittendrin
steht ein blühender Apfelbaum

Es summt und wispert
es fächelt und knistert

Der Wind tanzt
mit den Bienen im Reigen
als wolle er sich
vor dem Himmel verneigen

Und wieder
hat es die Sonne geschafft
der Baum zeigt sich
in starker Kraft

Sie schuf über Nacht
ein Paradies
und alle Knospen
sie erblühen ließ

Die Kühle die mich wärmt

Überall
ist bunte Farbe ausgelaufen
Berge von raschelndem Laub
wirbeln auf
wenn der Wind
sie vor sich hertreibt

Wie gut
mir der warme Mantel tut
Wie aromatisch mir
der heiße Tee schmeckt

Längst
habe ich den Sommer abgeschrieben
Aufgeschrieben
habe ich so manche nette Zeile
über ihn

Die edlen Rosen
hängen kopfüber
in meiner stillen Klause
Fast schwarz ist ihre Farbe geworden
Doch sie duften süß
Sie tragen den Sommer an ihrem
Gewand

Ich streichele sie sanft
mit zarter Hand

Erkennst du mich nicht

Ich bin das Glück

Steh´ neben dir
als kleines Licht
So oft gehst du
an mir vorbei
Verfehlst mich stets
um ein winzig kleines Stück

Ich staune
Bin ich dir denn
so einerlei
Du könntest mich
schon gut gebrauchen

Nun
ich bin ja
auch ganz still
Doch stets in deiner Nähe
Du müsstest deutlich hören
mein zartes leises Hauchen

Wenn
wir uns wieder mal begegnen
dann fang ich
einfach an zu strahlen

Ich fasse dich
bei deinem Schopf
heb dich empor
ganz hoch zum Licht

Und endlich siehst du mich

Feierabend

Dunkelheit
guckt neugierig in meine Fenster
Die Uhren gehen wieder richtig

Der Abend
zeigt sich am Horizont
In der Stadt
sind schon alle Lichter an
Menschen eilen
freuen sich
auf ihr warmes Plätzchen
Der Regen
durchnässt ihre Gesichter

Nachdenklich
schließe ich die Vorhänge

Ohne Lichtblicke

Fast schwermütig
schleppt sich
das Wetter durch den Tag
Kein Vogel ist zu hören
Die Sonne ist lichtscheu
Der Mensch geht
nachdenklich seinen Weg
Man sucht krampfhaft
nach einer freudebringenden Begegnung
Wohin kann man gehen
um den Sinn des Tages aufzuspüren

Ein lachendes Auge
Ein singender Mund
Vertraute Stimmen aus der Ferne hören

Mit allen Sinnen den Himmel fühlen
Morgen wird alles wie immer sein

Nutze die Wärme
in deinem Herzen

Der Frost greift zu
mit eisiger Hand

Die Natur krümmt sich
vor Kälte
Kein leises Ahnen
von dem Frühling
Selbst die Sonne
lächelt mit verzerrtem Gesicht
ihre Kraft ist bemessen

Der Mensch hat viel Zeit
Er kann
seine Kreativität ausleben
Die lange Dunkelheit
lässt
die Menschen zusammenrücken
Sie suchen Wärme
entdecken einander neu

Wie beruhigend

Schon bald
gibt es einen Neuanfang

Das Lied von der Welt

Hab´ solange
nichts gesagt

Der Wind summt mir
das Lied von der Welt
Er weiß soviel
Er weiß mehr wie ich

Er weht mir Blüten vor die Tür
Er trocknet mir
den Schweiß von der Stirn
Alle Zweifel weht er
von meiner Seele

Mein Freund der Wind
Er wiegt mich
sanft in den Schlaf
Fühle mich
wie ein glückliches Kind

Wind summ mir
das Lied von der Welt

Der weite Weg

In den Sternen
hängen die Glücksbringer
Doch schade
sie finden selten den Weg
zu uns nach unten
Sie verglühen ohne Wirkung

Der Hunger
zeigt seine knochige Hand

Das Gesicht der Not
trägt bittere Züge
Der Hunger
lacht höhnisch und arrogant
Er tötet schon das Kind in der Wiege
Er regiert vernichtend
mit knochiger Hand

Mit wankenden Schritten
mit letzter Kraft
legt sich
der Mensch hin zum Sterben

Inmitten
seines Lebens Scherben

Endlich frei

Der Tod ist
der ehrlichste Freund
des Menschen
Er befreit ihn
von seinem Leiden

Und er befreit uns
von allen Zwängen

Philosophieren ohne Belang

Es ist wie ein Aderlass

Deine Zeilen sind befreiend
Wem könntest du sonst
deine Zweifel erzählen

Aufschreiben statt aufschreien

Sie sind alle
nicht von deiner Zunft

Man sucht seine Umgebung
nach schöpferischen Talenten ab

Doch sie schauen dir stumpf in die Augen

Kein Lachen kein Gesang
Ihre Stimme ist ohne Klang

Ein weißes Blatt Papier
hört dir zu
Auch wenn es scheint
alles sei eigentlich ohne Belang

Die Suche
nach dem göttlichen Menschen

In meinen Träumen
vergewissere ich mich
ob ich wirklich träume

Erst dann
schweife ich
mit meinen Gedanken
in mystische Welten

Ich bin hungrig
nach labender Nahrung
für meine Seele

Ob ich wohl jemals
den richtigen Weg finde
In der realen Welt
spüre ich eisige Kälte
wie in einer Polarnacht
Oft verirre ich mich

Mein Gefühl
ist ein seidenes Tuch
mit dem ich all meine Zweifel
zudecken möchte

Mensch
verzeihe mir
meine Verdächtigungen
Manchmal glaube ich
dass ich keinen
ehrlichen Menschen kenne

Werden alle Menschen
im Laufe ihres Lebens
unberechenbar
Ich glaube
ich kenne die Ursachen
Die materielle Begierde
schmälert ihre Herzenswärme

Ich muss wohl
weiter suchen
nach menschlicher Vollkommenheit
Aber
die gibt es
womöglich überhaupt nicht
Ich werde stutzig
Bin ich eigentlich vollkommen
an Leib und Seele
Nein

Ich muss weiter träumen
Träumen
von einem göttlichen Menschen

Engel
gibt es auch auf Erden

Im Himmel
ist ein Engel verschwunden
und auf der Erde
wurde einer gefunden

Er hat sich
hier unten angepasst
Doch sein Heiligenschein ist
mit der Zeit verblasst

Er bemüht sich jeden Tag
dass man ihn mag
Mit seinem Gesicht
strebt er
unentwegt zum Licht

Doch die Menschen
machen´s ihm schwer
Sie lachen nicht
sie singen nicht
Sie baden stets im Tränenmeer

Und trotzdem wird er bleiben
und lässt sich weiter
von den Menschenwogen treiben

Und fragst du mich
wer der Engel wohl sei
Dann freue ich mich
schaue dich lächelnd an
und zeige auf dich

Eine Liebesheirat

Wenn
die Hochzeitsglocken läuten
Wenn
das Herz vor Freude springt
Wenn im Bauch
dir tausend Schmetterlinge fliegen
deine Seele jauchzend
Liebeslieder singt

Dann bemerkst du
voller Zauber
dass ein Wunder ist geschehen

Und du schwebst
auf Wolke sieben
trunken deine Füße gehen

Deine Wangen sind gerötet
Deine Augen voller Glück
Und du lauscht ganz still
auf diese Worte

Ja für immer

Ja ich will

Bleibe bei mir

Du willst beten

Viele sagen
es gäbe keinen Gott

Doch du
du bist in allerhöchster Not
Du faltest deine Hände
Du hast davon gehört
dass viele Menschen beten
und Gott
hat sie erhört

Du kniest in Demut nieder
legst deine Hand aufs Herz

O helfe mir mein Gott
stehe mir bei
und bleibe bei mir

Denn
es will Abend werden

Meine Lieblingsmelodie

Spiel mir
noch einmal das Lied
das ich so unsagbar lieb
Spiel mir das Ave Maria

Spiel es für mich
weil du mich liebst
Spiel es für uns beide

Der Augenblick
wird voller Glück

Diese Melodie
ist eine Symphonie
Sie verzaubert mich
Hab Tränen im Gesicht

Spiel mir das Ave Maria

Mensch sein

Es ist mir gelungen
die Menschen zu verstehen
Ich finde mich
in ihnen wieder
und fühle mich wohl

Man möchte eine Welle
von Sympathien
in die Menge sprühen

Ich glaube es wird bemerkt

Alle Menschen
wollen gemocht werden

Strecke ihnen
deine Hand entgegen

Willenskraft

Legt sich der Zorn
sind die entgleisten Züge geglättet
Du stehst ruhend in dir
wieder ganz vorn

Verliere dich nicht
Biete jedem die Stirn
der dich aus dem hellen Licht
zerren will

Es lohnt sich immer
kämpferisch zu sein

Der letzte Weg

Nichts
ist eigentümlicher als Eigentum

Man hat es
und verwaltet es
als sei es das eigene Leben
Bei manchen häuft es sich an
wie Samen die der Wind
zusammengeweht hat

Doch es nützt einem nichts

In der letzten Stunde
ist es eher lästig

Man wirft alles ab
wenn man
seinen letzten Weg geht

Wie Ameisen

Gesichter
ohne Bedeutung
laufen dir über den Weg
Gestalten ohne Haltung
tragen schwere Lasten
Sie hasten als liefen sie
vor ihren Sorgen davon

Der Wind spielt
fordernd mit ihren Haaren
Braune Blätter fallen leicht
vor ihre schweren Füße

Ihre schmalen Münder
wirken resignierend
Was bleibt übrig
von der täglichen Last
als Resultat vom langen Leben

Erkenntnisse

Wenn ein großer Geist
an die Grenze
seines Wissens gelangt
Dann entdeckt er Gott

Du schaust mich an
mit klaren Augen
Kinder
sind dem Guten noch ganz nah

Auch der Herbst
hat schöne Tage
Doch
wann wird es endlich
wieder Sommer

Lachen ist gesund
Doch der Hypochonder
glaubt es sowieso nicht

Einmal
unter die Erde kommen
und in´s Ungewisse gehen

Die Vertreibung
aus dem Paradies

Die Erde bebt
Verheerend sich das Meer erhebt

Es bäumt sich
zur tötenden Woge empor
Singt höhnend und laut
ein Totenlied
mit den reißenden Wellen im Chor

Es ergreift
die ahnungslosen Menschen
und deren Besitz
Vertreibt sie
gnadenlos aus ihrem Paradies

Sie klagen
sie flehen
sie kämpfen
und beten
und halten verzweifelt
sich an ihrem
einen Leben fest

Doch die flutende Welle
sie alle versinken läßt

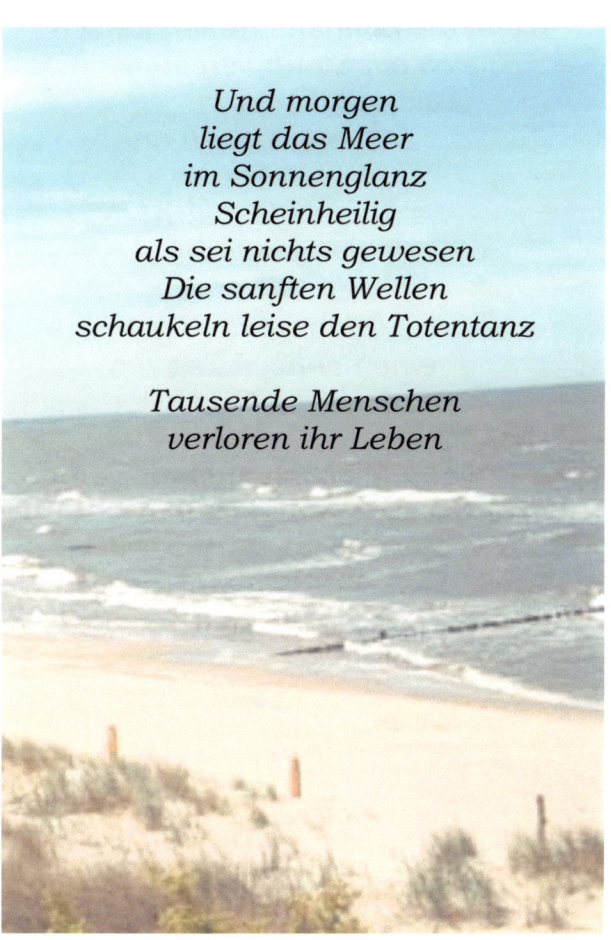

Und morgen
liegt das Meer
im Sonnenglanz
Scheinheilig
als sei nichts gewesen
Die sanften Wellen
schaukeln leise den Totentanz

Tausende Menschen
verloren ihr Leben

Glänzende Momente

Wenn die Sonnenstrahlen tanzen
sich mit Staub vereinen
fängt smart
die Luft zu glänzen an

Es überschlägt sich
fällt taumelnd
auf mein Silberhaar
Ich trag es
einen ganzen Tag
als sei es Gold

Am nächsten Morgen
hat's sich verflüchtigt

Doch mein Silberhaar
ist mir geblieben

Die Gedichte im Überblick

Von Käte Micka sind bereits folgende
Gedichtbändchen erschienen:

„Erlebte Gefühle"
Gedichte
ISBN 3-8311- 0307-0
€ 7,50

„Spuren des Lebens"
Gedichte
ISBN 3-8311-3165-1
€ 7,50

Gedanken
Gedichte
ISBN 3-8330-0426-6
€ 7,50

Karl-Heinz Hadder

Utopika,
bitte <u>nicht</u> ankommen!

**(Un-) Glücklichsein mit .... und warum es
nicht das Wichtigste im Leben ist!**

Humorvolle Charakterisierungen
in
Partnerschaftsfragen
Partnervergleich
und .... und ... und ....

FSC
www.fsc.org
MIX
Papier aus ver-
antwortungsvollen
Quellen
Paper from
responsible sources
FSC® C105338

Von Karl-Heinz Hadder liegt bei:
Book on Demand GmbH, Norderstedt
folgendes Buchprojekte vor:
Fragende Augen der Kinder und der Jugend ©
ISBN 978-3-8334-7306-7

Herstellung und Verlag   Printed in Germany ©
Books on Demand GmbH
28848 Norderstedt
ISBN: 978-3-8370-5991-5

Bei der Erstellung des Buches können Fehler entstanden
sein. Für Hinweise sind Verlag und Autor sehr dankbar.